INVENTAIRE
D 2
18389

LE
SYLLABUS
ET
L'ENCYCLIQUE

TEXTE OFFICIEL

ET

QUELQUES NOTES

CINQUIÈME ÉDITION

AUGMENTÉE DU TEXTE LATIN DU SYLLABUS

PARIS

SANDOZ ET FISCHBACHER

33, RUE DE SEINE

1877

Tous droits réservés.

LE
SYLLABUS
ET
L'ENCYCLIQUE

TEXTE OFFICIEL

ET

QUELQUES NOTES

CINQUIÈME ÉDITION

AUGMENTÉE DU TEXTE LATIN DU SYLLABUS

PARIS

SANDOZ ET FISCHBACHER

33, RUE DE SEINE

1877

Tous droits réservés.

GENÈVE. — IMPRIMERIE RAMBOZ ET SCHUCHARDT.

On parle beaucoup du *Syllabus*. Peu de gens l'ont lu ; très-peu le possèdent, et il n'est pas facile de se le procurer, même dans les librairies catholiques.

Le voici donc. Nous ne voulions d'abord qu'en donner simplement le texte ; mais nous avons reconnu que bien des choses, soit de fond, soit de forme, risqueraient d'être peu comprises. Quelques notes nous ont donc paru indispensables. Quant au texte, nous imprimerons, sans aucun changement, la traduction officielle publiée en 1865 par M. Marilley, évêque de Lausanne et Genève.

Syllabus veut dire *Résumé ;* et le Syllabus, en effet, n'est qu'un résumé des condamnations prononcées par le pape dans ses diverses lettres *encycliques,* dans ses lettres *apostoliques,* dans ses allocutions, etc.

De là résulte que le Syllabus ne fut point, comme l'ont pensé beaucoup de gens, quelque chose de tout nouveau ; il ne renferme, au contraire, absolument rien qui n'ait été de tout temps professé à Rome, et que le pape actuel n'eût déjà dit. Chaque article est même accompagné d'une indication précise de la source ou des sources auxquelles il a été puisé. Ainsi, à l'article XV, qui condamne la liberté de conscience, on indique une lettre apostolique du 10 juin 1851, et une allocution du 9 juin 1862. A l'article LXXVII, qui condamne la liberté des cultes, on indique une allocution du 26 juillet 1855. Rien donc, encore une fois, qui fût nouveau.

C'est, du reste, ce que le pape déclare dans l'Encyclique dont le Syllabus est précédé. Il veut, dit-il, mettre entre les mains des fidèles un tableau complet et commode de tout ce que l'Église leur a enseigné par sa bouche.

Mais cette Encyclique est elle-même importante. Les principaux articles de ce résumé qu'elle précède y sont expliqués, développés ; aussi, quand on parle du Syllabus, on entend généralement le Syllabus et l'Encyclique.

Encyclique et Syllabus ont paru le 8 décembre 1864, juste dix ans, — c'est le pape qui a voulu ce rapprochement, — après la proclamation de l'Immaculée-Conception. C'était le 8 décembre 1854 qu'on avait vu, pour la première fois, un pape proclamant seul un nouveau dogme. Le Syllabus marqua donc un nouveau pas vers cette suprême omnipotence qu'un concile allait reconnaître au pape, le 18 juillet 1870, en proclamant l'infaillibilité papale.

Le premier résultat de cette proclamation a été de donner au Syllabus une nouvelle et immense importance. Jusqu'au 18 juillet 1870, un catholique était libre de croire que le pape pouvait, dans le Syllabus. s'être trompé; depuis ce jour, couvert par l'infaillibilité papale, le Syllabus est, pour tout catholique, pleinement, absolument vrai, vrai dans l'ensemble, vrai dans tous les détails. Tout catholique est donc tenu, dans sa conscience, non-seulement de n'en rejeter aucun article, mais de travailler à détruire tout ce que le pape approuve.

On avait cru d'abord que, content d'avoir rappelé au monde ce qu'il considérait comme les vraies doctrines de l'Église, le pape, dans la pratique, les laisserait dormir. Mais les événements ont bientôt montré le contraire, et, partout où Rome a pu mettre la main à l'exécution de son plan, elle l'a fait. Raison de plus pour que ce plan soit connu, bien connu, et c'est ce que nous avons voulu en le republiant.

ENCYCLIQUE

PIE IX PAPE

A tous nos Vénérables Frères les Patriarches, Primats, Archevêques
et Évêques en communion avec le Saint-Siége apostolique.

VÉNÉRABLES FRÈRES

Salut et bénédiction apostolique.

Tout le monde sait, et vous surtout, vénérables
Frères, vous savez mieux que personne *avec quelle
sollicitude* (1) et quelle vigilance pastorale les Pontifes
Romains, Nos Prédécesseurs, se sont constamment
appliqués soit à remplir la charge et le devoir que Jésus-Christ Notre Seigneur leur a confiés de paître les
agneaux et les brebis, soit à nourrir tout le troupeau
du Seigneur par les paroles de la foi et par la doctrine
du salut, soit enfin à le détourner des pâturages empoisonnés. En effet, gardiens et défenseurs intrépi-

---

(1) Ces mots, dans le texte latin, commencent la phrase. De
là le nom d'Encyclique *Quantà curâ* sous lequel cette pièce est
quelquefois désignée.

des de l'auguste religion catholique, de la vérité et de
la justice, pleins de sollicitude pour le salut des âmes,
Nos Prédécesseurs n'ont jamais rien eu plus à cœur
que de dévoiler et de condamner, par leurs lettres et
constitutions pleines de sagesse, toutes les hérésies et
toutes les erreurs qui sont opposées à notre foi divine,
à la doctrine de l'Église catholique, à l'honnêteté des
mœurs et au salut éternel des hommes : hérésies et
erreurs qui excitèrent souvent de violentes tempêtes,
et appelèrent sur la chrétienté et sur la Société civile
des calamités à jamais déplorables. C'est pourquoi
Nos Prédécesseurs s'opposèrent toujours avec une
apostolique fermeté aux criminelles machinations des
méchants, lorsque ceux-ci, jetant, comme les flots de
la mer en furie, l'écume de leur vie honteuse et pro-
mettant la liberté, bien qu'ils fussent esclaves eux-
mêmes de la corruption (2), se sont efforcés, par
leurs fallacieuses théories et par leurs écrits très-per-
nicieux, de saper les fondements de la religion catholique et de la société civile, de détruire toute vertu et
toute justice, de dépraver l'esprit et le cœur de tout

---

(2) On remarquera que le pape mêle constamment les impies et les chrétiens non catholiques ; les ennemis de toute loi
religieuse ou morale, et ceux qui simplement résistent à l'omnipotence romaine. Il attribue à tous également l'intention de
tromper, de dégrader, de corrompre.

le monde, de détourner de la soumission aux saines lois de la morale les imprudents et surtout la jeunesse sans expérience, pour la corrompre misérablement, la faire tomber dans les piéges de l'erreur et la séparer enfin du sein de l'Église catholique.

De Notre côté, comme vous le savez très-bien, vénérables Frères, à peine, par un secret dessein de la Providence et sans aucun mérite de Notre part, avons-Nous été appelé à occuper cette Chaire de St. Pierre, qu'en voyant, avec une extrême douleur, l'horrible tempête soulevée par une foule d'opinions perverses, ainsi que les maux immenses et souverainement déplorables attirés sur le peuple chrétien par tant d'erreurs (3), Nous avons élevé la voix, en vertu de Notre Ministère apostolique et à l'exemple de Nos illustres Prédécesseurs; dans plusieurs Encycliques, Allocutions prononcées en Consistoire, et autres Lettres Apostoliques qui ont été publiées, Nous avons condamné les principales erreurs de notre si triste époque. Nous avons en même temps excité la vigilance pastorale qui vous distingue; Nous avons averti et exhorté, avec les plus vives instances, tous les en-

____

(3) On verra plus loin que ces maux *souverainement déplorables* comprennent, dans la pensée du pape, non-seulement les progrès de l'incrédulité et de l'immoralité, mais ceux de toutes les idées modernes.

fants de l'Église catholique, Nos fils bien-aimés, afin qu'ils eussent en horreur et qu'ils évitassent avec le plus grand soin la contagion d'une peste si cruelle. En particulier, par notre première Encyclique, qui vous a été adressée sous date du 9 novembre 1846, et par Nos deux allocutions prononcées, l'une dans le Consistoire du 9 décembre 1854 et l'autre dans celui du 9 juin 1862, Nous avons condamné les monstrueuses erreurs qui dominent, de nos jours surtout, au très-grand préjudice des âmes et au détriment de la Société civile elle-même, erreurs qui sont diamétralement opposées, non-seulement à l'Église catholique, à sa doctrine salutaire et à ses droits sacrés, mais encore à l'éternelle loi de nature, que Dieu a gravée dans tous les cœurs, ainsi qu'à la droite raison ; erreurs d'où découlent presque toutes les autres.

Cependant, quoique Nous n'ayons pas négligé de proscrire et de réprouver fréquemment ces erreurs, la cause de l'Église catholique et le salut des âmes, que Dieu nous a confiés, le bien même de la Société humaine, demandant impérieusement que Nous excitions de nouveau votre sollicitude pastorale, pour repousser d'autres opinions perverses, issues des mêmes erreurs, comme de leurs sources. Ces opinions fausses et corruptrices doivent être d'autant plus détestées,

que leur but principal est de paralyser et d'écarter
cette autorité salutaire que l'Église catholique, en vertu
de l'institution et du commandement de son divin Fondateur, doit exercer librement jusqu'à la fin des siècles, autant à l'égard des hommes pris individuelle-
ment, qu'à l'égard des nations, des peuples et de leurs
Souverains (4), et que, de l'autre côté, elles tendent
à détruire, entre le sacerdoce et l'empire, la bonne
harmonie et la concorde mutuelle, qui ont toujours
été si heureuses et si salutaires, soit pour la religion,
soit pour la société civile. En effet, vénérables Frères,
vous voyez clairement que de nos jours il n'est pas
rare de rencontrer des hommes qui, appliquant à la
Société civile le principe impie et absurde du *Natu-
ralisme*, comme ils l'appellent, osent enseigner que
« la meilleure forme à donner à la société publique,
« ainsi que le progrès civil, exigent absolument que
« la société humaine soit constituée et gouvernée
« sans plus tenir compte de la religion que si elle
« n'existait pas, ou du moins sans mettre aucune
« différence entre la vraie religion et celles qui sont

---

(4) Toute Église a incontestablement la mission de prêcher
l'Évangile à tous, individus, peuples, princes ; ce n'est donc
pas là ce que l'on conteste à l'Église romaine, mais l'autorité
absolue dont elle se dit investie pour l'accomplissement de cette
charge.

« fausses » (5). De plus, contrairement à la doctrine de la sainte Écriture, de l'Église et des saints Pères, ils ne craignent pas d'affirmer que « la Société se « trouve dans l'état le plus favorable lorsqu'on n'y « reconnaît pas, pour les dépositaires du pouvoir, « l'obligation de réprimer, par la sanction des peines, « les violateurs de la religion catholique, si ce n'est « autant que la tranquillité publique le demande » (6). Partant de cette idée absolument fausse du régime social, ils osent favoriser cette opinion erronée, si funeste à l'Église catholique et au salut des âmes, opinion appelée *délire* par Grégoire XVI, Notre prédécesseur d'heureuse mémoire, savoir que « la liberté « de conscience et des cultes est un droit propre à « chaque homme (7), un droit qui doit être pro-

---

(5) Si le pouvoir civil reconnaît officiellement une religion comme seule vraie, il est nécessairement conduit à proscrire les autres. C'est bien ainsi, du reste, que le pape l'entend.

(6) Voilà ce que nous disions. Les gouvernements sont tenus de *réprimer par la sanction des peines* tout ce qui est hostile à la religion catholique ; ils y sont tenus alors même que la tranquillité publique ne serait aucunement menacée. L'obligation est donc constante, absolue.

(7) C'est en 1832 que Grégoire XVI qualifia de *délire* l'opinion que la conscience et les cultes doivent être libres. On trouva ce mot excessif ; beaucoup de catholiques le désa-

« clamé et assuré dans toute société bien constituée ;
« que les citoyens ont droit à la pleine liberté de ma-
« nifester et de proclamer hautement et publique-
« ment leurs opinions, quelles qu'elles soient, soit
« par la parole, soit par la presse, soit par d'autres
« moyens, sans qu'aucune autorité ou ecclésiastique
« ou civile puisse limiter cette liberté.» Or, en sou-
tenant ces maximes téméraires, ils ne pensent pas et
ils ne considèrent pas qu'ils prêchent *une liberté de
perdition*, et que, s'il est permis de ne tenir compte
que des appréciations humaines pour tout discuter et
tout juger, il ne manquera pas d'hommes qui oseront
résister à la vérité et mettre leur confiance dans les
vaines paroles de la sagesse humaine ; tandis que,
d'après les enseignements de Notre Seigneur Jésus-
Christ lui-même (8), la foi et la sagesse chrétiennes
savent avec quel soin une vanité aussi funeste doit
être évitée.

Là où la religion est bannie de la Société (9) et où

---

vouèrent. Voilà donc Pie IX qui le répète et qui en prend la
responsabilité.

(8) Remarquez que le pape, ni ici, ni ailleurs, ne cite aucun de ces *enseignements* attribués par lui à Jésus-Christ ou
aux apôtres. Il ne cite jamais que ses prédécesseurs ou que lui-
même.

(9) Toujours cette confusion. Parmi ceux qui ne veulent

la doctrine et l'autorité de la révélation divine sont rejetées, on voit que même la notion véritable de la justice et du droit humain s'obscurcit et se perd, pour faire place à la force matérielle, qui se substitue à la vraie justice et au droit légitime. Voilà ce qui explique pourquoi certains hommes, qui ne tiennent aucun compte des principes les plus certains de la saine raison, osent proclamer que « la volonté du peuple, ma« nifestée par ce qu'ils appellent l'opinion publique, « ou par un autre moyen, constitue la loi suprême, « indépendante de tout droit divin et humain, et que, « dans l'ordre politique, les faits accomplis, par cela « même qu'ils sont accomplis, constituent le droit. » Or, qui ne voit et ne sent très-bien que, dans une Société affranchie des lois de la religion et de la vraie justice, l'homme ne peut avoir d'autre but que d'acquérir et d'accumuler les richesses, ni d'autre loi, dans tous ses actes, que le désir effréné de satisfaire ses passions et son intérêt particulier? Voilà pourquoi ceux qui professent ces principes, non conténts

---

pas que l'Église domine la Société civile, il y en a beaucoup qui n'entendent aucunement, pour cela, bannir le christianisme; beaucoup même sont des plus zélés à le répandre. Il y a donc inexactitude complète à les supposer solidaires des mauvaises doctrines sociales que le pape va énumérer.

de poursuivre d'une haine violente les Ordres religieux (10), malgré les services immenses rendus par
eux au christianisme, à la société et aux lettres, osent
même leur contester toute légitime raison d'exister,
s'associant ainsi aux aberrations des hérétiques. En
effet, Pie VI, Notre Prédécesseur de précieuse mémoire, n'était guidé que par la plus haute sagesse
lorsqu'il enseignait que « l'abolition des Ordres reli-
« gieux entrave la profession publique des conseils
« évangéliques, blesse une manière de vivre recom-
« mandée par l'Église comme conforme à la doctrine
« des Apôtres, et outrage les illustres fondateurs
« d'Ordres eux-mêmes que Nous vénérons sur Nos
« autels, et qui ne les ont établis que par l'inspira-
« tion de Dieu » (11). De plus, ils affirment dans
leur impiété qu'il faut ôter aux citoyens et à l'Église
la faculté « de distribuer publiquement les aumônes

---

(10) Par ce brusque passage de la question sociale à celle
des Ordres religieux, on voit bien quelles préoccupations dominent l'esprit du pape. Évidemment les dangers sociaux l'ef-
fraient surtout comme dangers pour l'Église, pour les institutions et l'autorité de l'Église.

(11) Voilà le portrait en beau ; on pourrait le faire tout
autre, et il n'y aurait, pour cela, qu'à réunir ce que de très-
bons catholiques, même papes, ont écrit sur les abus, les
désordres, les corruptions de la vie monastique.

« de la charité chrétienne (12), et abolir la loi qui dé-
« fend les œuvres serviles à certains jours spéciale-
« ment consacrés au culte divin » (13), et tout cela,
sous le prétexte tout à fait erroné que cette faculté et
cette loi sont en opposition avec les principes de la
véritable économie publique. Et non contents de bannir ainsi la religion de la Société, ils veulent encore
l'exclure du sein des familles. En effet, enseignant et
professant la doctrine souverainement fausse et perni-
cieuse du *Communisme* et du *Socialisme* (14), ils osent
prétendre « que la société domestique ou la famille

------

(12) L'abolition de la mendicité est aujourd'hui partout
considérée comme moralisante et bienfaisante ; mais le pape
en reste à la vieille idée de la mendicité réputée sainte,
méritoire, méritoire et sainte, surtout, chez les Ordres dits
mendiants.

(13) Partout aujourd'hui on est d'accord sur les inconvé-
nients et la multiplicité des fêtes, école de paresse et souvent
d'immoralité. Mais le pape ne voit, encore ici, que l'Église, et
que le besoin de maintenir, à tout prix, ce qu'elle a une fois
institué.

(14) Tous ceux que le pape vient d'attaquer pêle-mêle, les
voici devenus, toujours pêle-mêle, des *communistes* et des
socialistes ; à la phrase suivante, toutes les opinions que le
pape vient de signaler seront indistinctement qualifiées d'*impies*. Nulle mesure, nul degré ; tout ce qui n'est pas pour
Rome est également criminel.

« emprunte toute sa raison d'être du seul droit civil,
« et que par conséquent tous les droits des parents
« sur leurs enfants et en particulier le droit de les
« instruire et de les élever découle et dépend unique-
« ment de la loi civile. »

Par de telles maximes impies et par de tels artifices, ces hommes perfides (15) ont surtout en vue de
bannir entièrement de l'instruction et de l'éducation
de la jeunesse la doctrine et l'influence salutaire de
l'Église, afin de souiller et de corrompre l'âme tendre
et flexible des jeunes gens par toute sorte de vices (16),
et d'erreurs pernicieuses. Tous ceux, en effet, qui se
sont efforcés de jeter le trouble dans la Société religieuse et civile, de renverser l'ordre social légitime et
de détruire tous les droits divins et humains, n'ont
cessé, comme Nous l'avons indiqué plus haut, de
faire conspirer leurs desseins perfides, leurs artifices

---

(15) Jamais le pape n'admet qu'on puisse être de bonne foi
dans ce qu'il appelle l'erreur.

(16) Toujours cette calomnie. Il est faux que les incrédules
même, en retirant aux prêtres la direction des écoles publiques, aient l'intention de *corrompre la jeunesse par toute sorte
de vices;* à plus forte raison est-ce faux, calomnieux, de ceux
qui ne sont point des incrédules. Même remarque sur la phrase
suivante, où l'accusation est encore plus générale et plus ac-
centuée.

et leurs efforts, à tromper et à dépraver avant tout la jeunesse imprévoyante, fondant toutes leurs espérances sur la corruption du jeune âge. C'est pourquoi, méconnaissant les témoignages éclatants rendus par l'histoire aux services signalés dont la religion, la société et les lettres sont redevables au Clergé tant régulier que séculier, ils n'ont cessé de le vouer à la persécution la plus odieuse (17), et de prétendre que « le Clergé, l'ennemi, disent-ils, du vrai et utile pro- « grès, de la science et de la civilisation (18), doit « être entièrement privé du soin et de la mission « d'instruire et d'élever la jeunesse. »

D'autres encore, renouvelant les doctrines perverses et tant de fois condamnées des novateurs, osent dire avec une insigne impudence (19) que l'autorité

---

(17) Toujours ces amplifications. Quand on aurait tort d'ôter aux prêtres la direction de l'instruction publique, est-ce là ce qui peut s'appeler *persécuter*?

(18) Quand ceux qui disent cela auraient eu tort avant le Syllabus, ont-ils tort maintenant?

(19) Il est curieux de voir comment le pape se croit permis de qualifier une opinion qui a été celle de tant de jurisconsultes éminents, de tant de souverains bons catholiques. On a pu voir, du reste, qu'il ne manque pas une occasion de placer des mots injurieux; dans beaucoup d'endroits, on dirait un pamphlet du seizième siècle.

suprême donnée à l'Église et au St-Siége Apostolique dépend du bon vouloir de l'autorité civile, et nier tous les droits de cette même Église et de ce même Siége Apostolique pour ce qui regarde l'ordre extérieur. En effet, ils ne rougissent pas d'affirmer que « pour obliger en conscience, les lois de l'Église doi- « vent être promulguées par le pouvoir civil ; que les « actes et les décrets des Pontifes Romains relatifs à « la religion et à l'Église ont besoin de la sanction « et de l'approbation, ou tout au moins de l'assenti- « ment de ce pouvoir ; que les Constitutions Aposto- « liques condamnant les sociétés occultes, soit que la « loi du secret y soit ou non imposée sous serment, « et prononçant l'anathème contre leurs adeptes et « leurs fauteurs, n'ont aucune valeur dans les pays « où le gouvernement civil tolère ces sortes d'asso- « ciations (20) ; que l'excommunication lancée par « le Concile de Trente et par les Pontifes Romains « contre les envahisseurs et les usurpateurs des « droits et des propriétés de l'Église, repose sur la « confusion de l'ordre spirituel avec l'ordre civil et « politique, et n'a pour objet que des intérêts mon-

---

(20) Si un gouvernement est obligé de condamner toute association condamnée par le pape, c'est le pape qui devient le vrai souverain du pays.

« dains ; que l'Église n'a rien à décréter qui puisse
« obliger en conscience les fidèles, pour ce qui re-
« garde l'usage des biens temporels ; que l'Église n'a
« pas le droit de réprimer par des peines temporelles
« les violateurs de ses lois (21) ; que la saine théolo-
« gie et les principes du droit public permettent au
« gouvernement civil de s'attribuer et de revendiquer
« la propriété des biens qui appartiennent aux égli-
« ses, aux Ordres religieux et aux autres établisse-
« ments pies. » Ils n'ont pas honte de professer hautement et publiquement le principe hérétique, d'où
découle une foule d'erreurs et de maximes perverses,
que « le pouvoir ecclésiastique n'est pas, de droit di-
« vin, distinct et indépendant de l'autorité civile, et
« qu'une telle distinction et une telle indépendance
« ne peuvent être maintenues, sans que les droits es-
« sentiels du pouvoir civil ne soient envahis et usur-
« pés par l'Église (22). » Nous ne pouvons non plus

---

(21) Ainsi, non-seulement les gouvernements sont tenus
(note 6) de prêter main-forte à l'Église, mais l'Église a le
droit d'employer elle-même la force, si elle le peut, contre
tout ce qui lui résiste.

(22) L'histoire, pourtant, le prouve. Partout où l'Église a
été ce que veut ici le pape, le pouvoir civil lui a été assujetti ;
partout où le pouvoir civil a voulu ressaisir ses « droits essen-
tiels, » il ne l'a pu qu'en adoptant les maximes que Pie IX
appelle *perverses*.

passer sous silence l'audace de ceux qui, ne supportant pas la saine doctrine, osent prétendre « qu'on « peut sans péché, et sans que la profession de la foi « catholique en reçoive la moindre atteinte, refuser « l'assentiment et l'obéissance aux sentences et aux « décrets du St-Siége Apostolique ayant pour objet « constaté le bien général, les droits et la discipline « de l'Église, dès que ces sentences et ces décrets ne « touchent pas aux dogmes de la foi et de la mo- « rale » (23). Il n'est certes personne qui ne comprenne jusqu'à l'évidence combien une telle opinion est contraire au dogme catholique concernant la pleine autorité donnée au Pontife Romain, par N. S. J.-C. lui-même, de paître le troupeau fidèle, de régir et de gouverner l'Église universelle.

En face de tant d'opinions perverses et dépravées,

---

(23) Cette *audace* a longtemps été celle de beaucoup de catholiques, notamment de toute l'Église de France ; on ne se croyait tenu d'obéir au pape que dans ce qui touchait directement à la foi et à la morale. Le voici donc maintenant qui exige obéissance absolue pour tout décret concernant « le bien général, les droits et la discipline de l'Église. » Or, il n'est rien qui ne puisse rentrer dans ces trois choses, et rien, par conséquent, sur quoi l'on puisse conserver quelque indépendance sans froisser « le dogme catholique concernant la pleine autorité donnée au pontife romain. »

fidèle à Notre devoir apostolique et plein de sollicitude pour Notre sainte religion, pour la saine doctrine,
pour le salut des âmes, que Dieu nous a confiés, et pour
le bien de la Société temporelle elle-même, Nous avons
cru devoir élever de nouveau Notre voix apostolique.
En conséquence, en vertu de Notre autorité apostolique, Nous réprouvons, Nous proscrivons et Nous
condamnons toutes et chacune des opinions et doctrines mauvaises que Nous venons de signaler, et Nous
voulons et ordonnons que tous les enfants de l'Église
catholique les tiennent pour réprouvées, proscrites et
condamnées (24).

Vous savez en outre très-bien, vénérables Frères,
que de nos jours les contempteurs de toute vérité et
de toute justice et les ennemis implacables de Notre
sainte religion ne cessent de propager d'autres doctrines impies, en répandant frauduleusement le men-
songe (25), et trompant les peuples au moyen de li-

---

(24) Il serait, on le voit, impossible de formuler une condamnation plus absolue; et si l'on se rappelle que celui qui la
prononçait en 1864 a été, en 1870, proclamé infaillible, il est
clair qu'aucune liberté n'est laissée à qui que ce soit sur aucune des questions que le Syllabus va trancher.

(25) Encore un refus de reconnaître aucune sincérité chez
aucun des adversaires de l'Église, ni dans rien de ce qui s'écrit
contre elle.

vres empoisonnés, de pamphlets et de journaux jetés de toute part avec profusion. Vous n'ignorez pas non plus qu'à notre époque il est des hommes qui, poussés et excités par l'esprit de Satan, portent l'impiété jusqu'à nier N. S. J.-C., le souverain Dominateur, et attaquer sa divinité (26) avec une audace criminelle. Aussi Nous faisons-Nous ici un devoir, vénérables Frères, de vous décerner les éloges les plus grands et les plus mérités pour le zèle avec lequel vous vous êtes empressés d'élever votre voix épiscopale contre tant d'impiété.

C'est donc dans les sentiments d'un vif amour que Nous nous adressons encore une fois à vous, qui, appelés à partager Notre sollicitude, au milieu de Nos grandes douleurs, Nous donnez tant de sujets de consolation, de joie et d'encouragement, par la noblesse de vos sentiments religieux, par votre piété, ainsi que par l'attachement, la fidélité et le dévouement admirables (27) avec lesquels, étroitement unis à Nous et

---

(26) Ainsi, dans cette longue lettre, tout ce qui concernait l'Église et Rome a passé avant ce qui concernait Jésus-Christ. Dans le Syllabus, Jésus-Christ n'aura non plus qu'une très-petite place.

(27) Toujours de grands éloges aux évêques, mais à condition qu'ils demeurent absolument soumis, et prêchent la plus absolue soumission. On a remarqué encore que, ni dans

au St-Siége Apostolique, vous vous efforcez de remplir avec courage et persévérance la mission si importante de votre ministère épiscopal. Nous attendons, en effet, de l'ardeur de votre zèle épiscopal, que, vous armant du glaive de l'esprit, qui est la parole de Dieu, et fortifiés dans la grâce de N. S. J.-C., vous redoublerez chaque jour d'efforts et de soins, afin que les fidèles confiés à votre garde « s'abstiennent des herbes nuisibles que J.-C. ne cultive pas, parce qu'elles n'ont pas été plantées par le Père céleste. »

Et ne cessez point d'inculquer à ces mêmes fidèles que la vraie félicité pour les hommes ne se trouve que dans la doctrine et la pratique de notre auguste religion, et qu'il est heureux le peuple qui reconnaît Dieu pour souverain maître.

Enseignez « que les empires reposent sur le fonde-
« ment de la foi catholique (28), et qu'il n'y a rien
« d'aussi fatal, rien qui hâte autant la ruine, rien
« d'aussi périlleux que de croire qu'ayant reçu du

---

l'Encyclique, ni dans le Syllabus, il n'y a rien sur l'épiscopat considéré comme autorité dans l'Église. Le pape est l'évêque universel, unique; l'épiscopat n'est rien, sinon en lui et par lui.

(28) L'histoire contemporaine confirme bien peu cette assertion. Les États catholiques ont été de beaucoup les plus troublés et les plus malheureux.

« Seigneur le libre arbitre à notre naissance, nous
« puissions ainsi nous suffire à nous-mêmes, sans
« avoir autre chose à demander à Dieu; c'est-à-dire
« qu'oubliant notre Créateur, nous osions renier sa
« puissance pour faire étalage de notre liberté. Ayez
« également soin d'enseigner que la puissance royale
« a été donnée, non-seulement en vue du gouverne-
« ment de ce monde, mais surtout pour la protec-
« tion de l'Église (29), et qu'il n'y a rien de plus
« avantageux, ni de plus glorieux, pour les rois et les
« chefs des États, que de laisser l'Église suivre ses
« propres lois et de ne permettre à personne d'en-
« traver sa liberté, comme l'ordonnait jadis à l'em-
« pereur Zénon saint Félix, Notre Prédécesseur si
« sage et si courageux. Nul doute, en effet, que, dans
« les choses de Dieu et d'après les enseignements
« divins, il est de leur intérêt de subordonner et non
« de préférer la volonté royale à celle des prêtres du
« Christ (30). »

Mais au milieu de tant de calamités qui affligent
l'Église et la Société civile, en présence de tant d'ennemis qui conspirent contre le catholicisme et contre
le St-Siége Apostolique, en face d'un tel débordement

---

(29) *Surtout*. Remarquez ce mot.
(30) Voilà qui est net.

d'erreurs, il est, aujourd'hui plus que jamais, nécessaire, vénérables Frères, que Nous nous adressions au trône de la grâce, pour en obtenir miséricorde et secours en temps opportun. C'est pourquoi Nous avons jugé utile de faire appel à la piété de tous les fidèles, soit pour que, de concert avec Nous et avec vous, ils ne cessent d'invoquer et de supplier, par les prières les plus ferventes et les plus humbles, la clémence infinie du Père des lumières et des miséricordes, soit pour que toujours ils recourent, pleins de foi, à Notre Seigneur Jésus-Christ, qui nous a rachetés pour Dieu par son sang, et qu'ils demandent avec instance et sans relâche à son cœur si doux, victime de son ardente charité pour nous, d'attirer tout à lui par les liens de son amour, et de faire que tous les hommes, enflammés de ce feu divin, se conduisent selon son cœur, se rendant en toutes choses agréables au Seigneur, et produisant les fruits de toutes sortes de bonnes œuvres (31).

Or, on ne peut douter que les prières des hommes ne soient plus agréables à Dieu lorsqu'ils viennent à lui avec des cœurs purs de toute souillure; c'est pour-

---

(31) Paroles très-chrétiennes. Mais remarquez une curieuse chose : à partir de la phrase où le pape est décidément chrétien, — il n'y a plus un seul mot catholique.

quoi Nous avons résolu d'ouvrir aux fidèles chrétiens, avec une apostolique libéralité, les trésors célestes de l'Église, dont la dispensation Nous a été confiée (32), afin que ces mêmes fidèles, excités plus vivement à la vraie piété et purifiés de leurs péchés par le sacrement de Pénitence, adressent avec plus de confiance leurs prières au Seigneur, et obtiennent ainsi, devant lui, grâce et miséricorde.

Nous accordons, en conséquence, par la teneur de ces présentes lettres, en vertu de Notre Autorité Apostolique, à tous et à chaque fidèle de l'un et de l'autre sexe de l'univers catholique, une Indulgence plénière en forme de Jubilé à gagner, dans le courant de l'année 1865 seulement, pendant un mois à désigner par Vous, vénérables Frères, et par les autres Ordinaires légitimes. Nous accordons cette indulgence en la même manière et forme et avec les mêmes pouvoirs que Nous l'avons concédée, au commencement

----

(32) Nous revoici en plein catholicisme, et, immédiatement, en pleine contradiction avec le morceau d'avant, tout chrétien. Ceux qui auront fait ce que disait là le pape, ceux qui auront « recouru, pleins de foi, à Notre Seigneur Jésus-Christ, qui nous a rachetés pour Dieu par son sang, » qu'ont-ils besoin de la « libéralité apostolique? » Cette «indulgence plénière » que le pape va leur octroyer, ne l'auront-ils pas déjà reçue de Jésus-Christ lui-même?

de Notre souverain Pontificat, dans Nos Lettres Apostoliques en forme de Bref, du 20 Novembre 1846, lesquelles ont été envoyées à tous les membres de la hiérarchie épiscopale, et commencent par ces mots : « Arcano Divinæ providentiæ consilio. » Nous voulons toutefois qu'on observe ce que Nous avons prescrit, et qu'on tienne compte des restrictions que Nous avons faites dans Nos dites Lettres. Nous accordons enfin cette faveur, nonobstant toutes dispositions contraires, fussent-elles même dignes d'une mention et d'une dérogation spéciale et tout à fait particulières. Et afin d'écarter toute espèce de doutes et de difficultés, Nous avons ordonné de vous faire parvenir un exemplaire de ces mêmes Lettres.

    « Implorons, vénérables Frères, du fond de Notre
« cœur et de toutes les forces de Notre esprit, la mi-
« séricorde de Dieu, parce que Lui-même a dit : Je
« n'éloignerai pas d'eux ma miséricorde. Demandons
« et nous recevrons, et, si nos prières tardent à être
« exaucées, parce que nous avons grièvement péché,
« frappons, car il sera ouvert à celui qui frappe,
« pourvu que ce soient nos prières, nos gémisse-
« ments, nos larmes continuelles qui frappent, et
« pourvu que notre prière soit unanime.....; que
« chacun prie Dieu, non-seulement pour soi, mais
« encore pour tous ses frères, comme le Seigneur

« lui-même nous l'a enseigné (33). » Et afin que Dieu daigne exaucer plus tôt nos prières et nos vœux, ainsi que les vôtres et ceux de tous les fidèles, faisons en toute confiance intervenir auprès de lui, en notre faveur, l'immaculée et très-Sainte Vierge Marie Mère de Dieu (34), Celle qui a détruit toutes les hérésies dans le monde entier (35), et qui est pour nous tous une mère pleine d'amour, de douceur et de miséricorde, se laissant toujours fléchir, se montrant toujours clémente et compatissante à toutes nos misères, avec une immense tendresse. Comme Reine debout à la droite de son fils unique Notre Seigneur J.-C., entourée d'un vêtement d'or richement orné (36), il

---

(33) Encore de bonnes paroles, très-chrétiennes, — et pas un seul mot catholique.

(34) Encore le catholicisme qui revient, et fort inutilement. Ceux qui auront prié avec la ferveur que le pape vient de recommander, qu'ont-ils besoin du secours de la Vierge? Est-ce que leur prière n'aura pas été droit à Dieu? Même remarque, quelques lignes plus loin, quand viendront saint Pierre et saint Paul recommandés comme intercesseurs.

(35) Qu'est-ce que cela veut dire? Est-ce qu'il n'y a plus d'hérésies? Quand donc la Vierge les a-t-elles toutes détruites? Fussent-elles toutes détruites, on demanderait encore où donc Pie IX a pris que c'est à la Vierge qu'il faut en attribuer la destruction.

(36) Singulière idée. Cette page ne renfermant rien de

n'est rien qu'Elle ne puisse nous obtenir de sa bonté.

Invoquons aussi l'intercession du Bienheureux Pierre prince des Apôtres, de Paul son compagnon dans l'apostolat, et de tous les Saints du Ciel, lesquels, devenus les amis de Dieu, possèdent la palme et la couronne du royaume éternel ; car, sûrs désormais de leur immortalité, ils sont encore pleins de sollicitude pour notre salut.

Enfin, en demandant à Dieu pour vous, de tout Notre cœur, la plénitude des dons célestes, Nous aimons à donner du fond de Notre cœur, à vous, vénérables Frères, et à tous les fidèles clercs et laïques confiés à vos soins, Notre Bénédiction Apostolique comme gage de notre particulière affection.

Donné à Rome, près St-Pierre, le 8 décembre de l'année 1864, la dixième après la Définition dogmatique de l'Immaculée Conception de la Vierge Marie Mère de Dieu.

Et de notre Pontificat la dix-neuvième.

PIE IX, PAPE.

---

figuré, le pape semble avoir voulu enseigner ici tout de bon comment la Vierge est vêtue dans le ciel.

SYLLABUS

ou

Résumé des principales erreurs de notre temps, qui sont signalées dans les allocutions consistoriales, encycliques et autres lettres apostoliques de Notre Très-Saint Père le Pape Pie IX.

I

Panthéisme, Naturalisme et Rationalisme absolu.

I. *Anathème à qui dira* (*) : Il n'existe aucun Être divin, suprême, souverainement parfait dans sa sagesse et sa providence, qui soit distinct de cet Univers ; Dieu et la nature sont une seule et même chose, et, par conséquent, Dieu est assujetti aux changements ; Dieu se fait, en réalité, dans l'homme et dans le monde, et tous les êtres sont Dieu et possèdent la substance même de Dieu ; ainsi, Dieu s'identifie avec le monde, et, par conséquent, l'esprit avec la matière,

(*) Le texte officiel condamne en bloc les quatre-vingts propositions qui vont suivre ; mais comme la forme donnée à ces propositions pourrait ne pas laisser voir toujours clairement si le pape approuve ou condamne, il nous a paru mieux de répéter la condamnation à chaque article.

la nécessité avec la liberté, le vrai avec le faux, le bien avec le mal, et le juste avec l'injuste.

II. *Anathème à qui dira :* On doit nier toute action de Dieu sur les hommes et sur le monde.

III. *Anathème à qui dira :* La raison humaine, sans tenir compte de l'idée de Dieu, est l'unique arbitre du vrai et du faux, du bien et du mal; elle est à elle-même sa loi, et, par ses seules forces naturelles, elle est à même de procurer la prospérité, soit des individus, soit des peuples.

IV. *Anathème à qui dira :* Toutes les vérités de la religion découlent des forces naturelles de la raison humaine; celle-ci est, par conséquent, la règle première d'après laquelle l'homme peut et doit acquérir la connaissance de toutes les vérités, à quelque ordre qu'elles appartiennent (37).

V. *Anathème à qui dira :* La révélation divine est imparfaite, et, par conséquent, soumise à un progrès continuel et indéfini (38), qui réponde au développement de la raison humaine.

---

(37) Rien à dire sur ces quatre premiers articles. On y voudrait seulement plus d'ordre, moins de mélange entre des erreurs fort diverses.

(38) Proclamer successivement de nouveaux dogmes (Immaculée Conception en 1854, Infaillibilité papale en 1870), n'est-ce pas tomber en plein dans l'erreur qu'on signale ici?

VI. *Anathème à qui dira :* La foi chrétienne est en opposition avec la raison humaine (39), et la révélation divine est non-seulement d'aucune utilité, mais elle nuit encore à la perfection de l'homme (40).

VII. *Anathème à qui dira :* Les prophéties et les miracles, exposés et racontés dans les saintes Écritures, sont des inventions poétiques (41), et les mystères de la foi chrétienne sont le résultat de recherches philosophiques; les livres des deux Testaments renferment des fictions mythiques, et Jésus-Christ lui-même est un mythe (42).

II

Rationalisme modéré.

VIII. *Anathème à qui dira :* La raison humaine de-

---

(39) La *foi chrétienne*, non, mais souvent ce qu'on y ajoute.

(40) Même remarque. On peut croire à la *révélation divine* et trouver fort inutile et fort nuisible ce que Rome abrite sous ce nom.

(41) Une des choses qui ont le plus contribué à diminuer la foi au surnaturel biblique, ce sont les faux miracles que Rome a patronés.

(42) Personne, aujourd'hui, ne soutient plus cette dernière idée. Le Syllabus aurait pu relever, sur Jésus-Christ, des erreurs bien plus actuelles. Mais on a déjà vu (note 26) que ce n'est pas là que sont les préoccupations du pape.

2*

vant être mise au niveau de la religion elle-même, les sciences théologiques doivent être traitées de la même manière que les sciences philosophiques (43).

IX. *Anathème à qui dira :* Tous les dogmes de la religion chrétienne, sans distinction, appartiennent au domaine de la science naturelle ou philosophie; et la raison humaine, éclairée au seul point de vue historique, peut, par ses forces naturelles et à l'aide de ses propres principes, acquérir la véritable intelligence de tous les dogmes (44), même les plus cachés, pourvu que ces dogmes lui soient présentés comme objet de ses études.

X. *Anathème à qui dira :* Le philosophe et la philosophie étant deux choses distinctes, celui-là peut et doit se soumettre à l'autorité qu'il aura reconnue lui-

---

(43) Il faudrait distinguer, dans les sciences théologiques, entre ce qui est réellement du domaine de la foi et ce qui n'en est que l'entourage. Aucune raison, par exemple, pour que l'histoire de l'Église ne soit pas aussi librement étudiée que toute autre. Mais c'est ce que le pape ne veut pas.

(44) De *tous* les dogmes, non, mais certainement de ceux que le pape voudrait surtout mettre à l'abri. La raison, *éclairée au seul point de vue historique,* suffit très-bien pour nous démontrer, par exemple, que l'infaillibilité papale n'est pas un dogme chrétien.

même pour légitime : mais la philosophie ne peut ni ne doit se soumettre à aucune autorité (45).

XI. *Anathème à qui dira :* Non-seulement l'Église ne doit, en aucun cas, censurer la philosophie, mais elle doit encore en tolérer les erreurs, et lui abandonner le soin de se corriger elle-même (46).

XII. *Anathème à qui dira :* Les décrets du St-Siége Apostolique et des Congrégations romaines entravent le libre progrès de la science (47).

XIII. *Anathème à qui dira :* La méthode et les principes, d'après lesquels les anciens docteurs scolasti-

---

(45) Peu clair. Le pape veut probablement condamner ceux qui diraient : « Comme homme, je me soumets à l'Église ; comme philosophe, je garde ma liberté. » Ce serait, en effet, un jeu d'esprit ; mais, en condamnant cela, le pape avoue qu'on ne peut pas être catholique et libre.

(46) Personne ne conteste à l'Église le droit de signaler ce qui lui paraît erroné. Ce qu'on lui conteste, c'est le droit de punir ce qu'elle aura appelé l'erreur, et d'empêcher la manifestation de toute opinion contraire aux siennes.

(47) Essayez de vous figurer un savant, un historien, par exemple, préoccupé de ne rien découvrir qui heurte en rien aucune idée romaine, — ou bien encore un philologue préoccupé de ne découvrir aucune erreur dans la Bible latine (la *Vulgate*) que Rome a déclarée infaillible. Pour échapper à tout danger de ce genre, il n'y a qu'un moyen : Renoncer à toute recherche, à toute étude.

ques cultivèrent la théologie, ne sont plus en harmonie avec les besoins de notre époque, ni avec le progrès des sciences (48).

XIV. *Anathème à qui dira :* Dans les études philosophiques, on ne doit tenir aucun compte de la Révélation surnaturelle (49).

III

Indifférentisme, Latitudinarisme.

XV. *Anathème à qui dira :* Chaque homme est
libre d'embrasser et de professer la religion qu'il

---

(48) La Scolastique n'est depuis longtemps plus en usage
que dans les séminaires. Aucun savant, même très-catholique,
ne consentirait aujourd'hui à travailler d'après une méthode
qui, durant des siècles, maintint toutes les sciences dans l'im-
mobilité. Elle ne se borne pas à endormir l'esprit; elle le
fausse, et le cœur aussi, bien souvent. C'est grâce à elle que
les champions de Rome font parfois des raisonnements si
étranges, et se montrent si peu amis du vrai.

(49) Tout cela est trop général, trop vague. Il y a une foule
de questions philosophiques que la Révélation ne tranche pas,
n'aborde pas, et dans lesquelles, par conséquent, il n'y a pas
lieu à en tenir compte. Ce sont les Mahométans qui veulent
que tout soit dans le Coran.

aura réputée vraie à l'aide des lumières de sa raison (50).

XVI. *Anathème à qui dira :* Les hommes peuvent, dans quelque culte que ce soit, trouver la voie du salut éternel et y parvenir.

XVII. *Anathème à qui dira :* On doit, pour le moins, avoir bon espoir pour le salut éternel de tous ceux qui ne se trouvent pas dans le sein de la véritable Église de Jésus-Christ (51).

XVIII. *Anathème à qui dira :* Le protestantisme

---

(50) Condamnation de la liberté de conscience, et, cela, dans le for intime comme dans le for extérieur. Une religion que vos lumières, vous auront conduit, malgré le pape, à croire vraie, — il vous est interdit, non-seulement de la *professer* au dehors, mais de l'*embrasser* dans votre cœur. Même convaincu que Rome a tort, — non-seulement vous ne devez pas la combattre, mais vous êtes tenu de croire qu'elle a raison.

(51) Complément de l'article XVI. C'est comme si l'on disait : « Non-seulement tout hérétique est hors de la vraie voie du salut, mais on ne doit pas même espérer qu'il y ait pour lui, hors de la vraie voie, quelque chance d'y parvenir. » Voilà ce que l'on enseigne d'ordinaire. *Hors de l'Église, point de salut.* Mais quand il faut adoucir, on adoucit, et l'article, grâce au mot *tous,* s'y prête. Seulement, on ne voit plus guère alors qui l'article a en vue, car personne n'a jamais dit que l'on dût avoir *bon espoir* pour le salut de *tous* les non-catholiques, même impies.

n'est pas autre chose qu'une forme diverse de la même véritable religion chrétienne (52), forme dans laquelle on peut plaire à Dieu, aussi bien que dans l'Église catholique.

IV

Socialisme, Communisme, Sociétés secrètes, Sociétés bibliques, Sociétés clérico-libérales.

Toutes les inventions pestilentielles de ce genre (53) ont été condamnées à plusieurs reprises et dans les termes les plus formels, dans l'Encyclique du 9 no-

---

(52) Les protestants, sur ce point, sont assez d'accord avec le pape. La religion du Syllabus leur paraît si peu celle du Christ, qu'ils acceptent bien volontiers le reproche de n'avoir rien de commun avec elle. Mais comme la religion du Syllabus est, pour le pape, la religion chrétienne, il est clair que cet article équivaut à refuser le titre de chrétien à tout ce qui n'est pas catholique.

(53) Inventions *pestilentielles*, et, dans le nombre, les Sociétés Bibliques. Dans le nombre aussi, les Sociétés *clérico-libérales*, c'est-à-dire les prêtres libéraux. N'oublions pas que, lorsque parut le Syllabus, il n'était pas encore question du hardi mouvement d'aujourd'hui; le catholicisme libéral était celui des Montalembert, des Falloux, dévoués au pape, à l'Église, et ne demandant qu'un peu de liberté. Voilà ce que Pie IX appelle ici *pestilentiel*.

39

vembre 1846; dans l'Allocution du 20 avril 1849;
dans l'Encyclique du 8 décembre 1849; dans l'Allocution du 9 décembre 1854; dans l'Encyclique du
10 août 1863.

V

Erreurs relatives à l'Église et à ses droits.

XIX. *Anathème à qui dira* : L'Église n'est pas une
vraie et parfaite société pleinement libre (54); elle ne
possède point de droits propres et constants à elle
conférés par son divin Fondateur; mais il appartient
au pouvoir civil de déterminer quels sont les droits
de l'Église et dans quelles limites elle peut les exercer.

XX. *Anathème à qui dira* : Le pouvoir ecclésiastique ne doit point exercer son autorité sans la permission et l'assentiment du gouvernement civil (55).

---

(54) *Pleinement libre.* Il est clair que cela veut dire ici
« pleinement libre » d'exercer tous les droits que le pape lui
attribue et s'attribue dans le Syllabus même. La *liberté*, pour
le pape, c'est de pouvoir librement exiger que tout lui soit
soumis.

(55) Si l'Église doit exercer librement, malgré le pouvoir
civil, toute l'autorité qu'elle jugera être la sienne, le pouvoir
civil n'existe plus. Essayez de vous figurer ce qu'il serait dans
un État où le Syllabus entier recevrait son application.

XXI. *Anathème à qui dira :* L'Église n'a pas le pouvoir de définir dogmatiquement que la religion catholique est la seule vraie (56).

XXII. *Anathème à qui dira :* La soumission, à laquelle sont tenus les professeurs et les écrivains catholiques, se borne aux choses qu'un jugement infaillible de l'Église impose à tous de croire comme des articles de foi (57).

XXIII. *Anathème à qui dira :* Les Pontifes Romains, ainsi que les Conciles œcuméniques, ont outrepassé les limites de leur pouvoir (58), ont usurpé les droits

---

(56) Toute Église a le droit de se présenter comme seule vraie ; mais l'Église romaine a toujours entendu par là qu'elle pouvait obliger les gouvernements à la considérer comme seule vraie, et à persécuter ses adversaires. C'est ce que le pape a dit formellement dans l'Encyclique. Au point de vue de l'infaillibilité, ce même article est un des plus sophistiques, car il revient à montrer l'Église disant : « Je me déclare infaillible, et, comme je suis infaillible, ma déclaration est infaillible. »

(57) Un professeur ou un écrivain catholique est donc encore moins libre que le commun des fidèles ; il doit recevoir du pape le mot d'ordre dans les choses mêmes que l'Église n'impose pas comme articles de foi. Et le pape parlait (article XII) du libre progrès de la science !

(58) Un des plus graves articles de tout le Syllabus. Pie IX défend de penser qu'aucun de ses prédécesseurs ait « outrepassé les limites du pouvoir » de la papauté. Ainsi,

des monarques, et ils ont même erré dans les définitions relatives à la foi (59) et aux mœurs.

XXIV. *Anathème à qui dira :* L'Église n'a pas le droit d'employer la force (60) ; elle n'a aucun pouvoir temporel direct ou indirect.

XXV. *Anathème à qui dira :* En dehors du devoir inhérent à l'épiscopat, il y a un pouvoir temporel qui lui a été concédé, ou expressément ou tacitement, par l'autorité civile (61); pouvoir, par conséquent, que cette même autorité peut lui retirer à volonté.

---

par exemple, en se proclamant le roi des rois, le dispensateur des couronnes, Grégoire VII n'a fait que ce qu'il avait le droit de faire, et ce que Pie IX, par conséquent, pourrait faire.

(59) Voilà Pie IX proclamant, dès 1864, l'infaillibilité papale. On a donc eu raison de dire que le Syllabus avait d'avance ôté toute liberté au concile.

(60) Nous voilà donc bien avertis que, si jamais l'Église a de nouveau la force en main, elle entend en user. Ses défenseurs ont souvent dit, de nos jours, qu'elle n'en avait jamais usé ; que les persécutions avaient été l'affaire du pouvoir civil. Pie IX est plus franc. Il nous a d'abord montré l'Église faisant aux gouvernements un devoir de persécuter ses adversaires, et, par là, prenant l'initiative de toutes les persécutions ; le voici maintenant qui, pour la seconde fois (voir note 21), réclame pour l'Église le droit de persécuter elle-même.

(61) On ne voit pourtant guère comment il eût pu en être autrement, ni pour l'épiscopat, ni pour la papauté. Si le

XXVI. *Anathème à qui dira :* L'Église n'a aucun droit naturel et légitime d'acquérir et de posséder (62).

XXVII. *Anathème à qui dira :* Les ministres sacrés de l'Église et le Pontife Romain doivent être entièrement exclus de tout droit de gestion et de propriété, quant aux choses temporelles (63).

XXVIII. *Anathème à qui dira :* Il n'est point permis aux Évêques de publier, même les Lettres Apostoliques, sans la permission du gouvernement (64).

---

pouvoir temporel des papes n'a pas été constitué par la volonté ou l'assentiment des princes et des peuples, d'où serait-il venu? Quelle trace a-t-on, à l'origine, que les papes aient revendiqué Rome comme leur revenant de droit divin?

(62) L'Église, comme toute société, peut, en droit naturel, acquérir et posséder; mais, d'autre part, aucun État n'a pu ni ne pourra ne pas limiter, à cet égard, le droit d'une société qui, à la longue, absorberait tout.

(63) Sans excuser tout ce qui a pu se faire, on ne peut pourtant oublier combien les richesses, dans l'Église, avaient produit d'abus et de scandales. Lui rendre ce qu'elle a perdu ou lui laisser librement reconstituer son opulence, ce serait lui rouvrir une bien dangereuse voie. Beaucoup de ses enfants, et des meilleurs, le comprennent; Pie IX a peu l'air de le comprendre.

(64) Aucun gouvernement ne peut renoncer au droit d'empêcher la publication officielle d'écrits qui peuvent être en opposition complète avec les lois du pays.

XXIX. *Anathème à qui dira :* Les faveurs accordées par le Pontife Romain doivent être regardées comme nulles, si elles n'ont été demandées par l'entremise du gouvernement (65).

XXX. *Anathème à qui dira :* Les Immunités de l'Église et les personnes ecclésiastiques doivent leur origine au droit civil (66).

XXXI. *Anathème à qui dira :* Le for ecclésiastique, pour les causes temporelles des clercs, tant civiles que criminelles, doit être absolument aboli (67), même sans consulter le St-Siége Apostolique et malgré ses réclamations.

XXXII. *Anathème à qui dira :* On peut, sans violer

---

(65) Aucun gouvernement ne peut renoncer au droit de contrôler les *faveurs* papales qui créeraient pour un prêtre une position au-dessus des lois du pays.

(66) Si les immunités de l'Église et du clergé n'ont pas eu pour origine une concession du droit civil, d'où seraient-elles venues? Le pape veut probablement dire que l'Église avait le droit d'exiger ces immunités, et, par exemple, de ne pas vouloir payer d'impôts sur ses biens. Mais encore a-t-il fallu que l'État reconnût ce droit.

(67) Le pape, on le voit, ne renonce à rien de ce qu'ont partout aboli les lois et les mœurs de notre siècle. Le voilà qui proteste contre l'abolition du droit qu'avaient les ecclésiastiques de n'être jugés que par l'Église, même en matière civile et criminelle.

le moins du monde l'équité et le droit naturel, abroger l'immunité personnelle en vertu de laquelle les clercs sont exempts du service militaire (68); cette abrogation est réclamée par le progrès civil, surtout dans une société qui se régit d'après les institutions libérales.

XXXIII. *Anathème à qui dira :* Le pouvoir ecclésiastique de juridiction ne possède pas exclusivement le droit propre et inné de diriger les études théologiques (69).

XXXIV. *Anathème à qui dira :* La doctrine de ceux qui assimilent le Pontife Romain à un prince libre et exerçant son pouvoir dans l'Église universelle, est une doctrine qui a prévalu au moyen âge (70).

---

(68) Un gouvernement sage accordera toujours aux ministres de la religion de ne pas porter les armes; mais le pape veut que ce soit, chez eux, un droit *naturel*. Toujours l'idée que le prêtre est un homme à part, mystiquement en dehors des lois communes.

(69) Question délicate. D'un côté, il est évident que c'est l'Église qui doit donner l'enseignement théologique; mais, de l'autre, quand cet enseignement devient un danger pour l'État, il est bien difficile que l'État s'abstienne indéfiniment d'intervenir. Il n'est, en somme, surtout depuis le Syllabus, aucune question qui ne se pose, avec l'Église romaine, autrement qu'avec une Église purement spirituelle et chrétienne.

(70) Si ce n'est pas au moyen âge, il faut que ce soit avant. Que voyons-nous de cela aux premiers siècles?

XXXV. *Anathème à qui dira :* Rien n'empêche que, par le décret d'un Concile général ou par l'action combinée de tous les peuples, le Souverain Pontificat ne soit transféré, de l'Évêque et de la ville de Rome, à un autre Évêque et à une autre ville (71).

XXXVI. *Anathème à qui dira :* La définition d'un Concile national exclut toute discussion ultérieure, et l'administration civile peut, dans les limites qu'elle trace, décider une affaire.

XXXVII. *Anathème à qui dira :* On peut instituer des églises nationales soustraites à l'autorité du Pontife Romain et entièrement séparées de lui (72).

---

(71) Fût-il prouvé que saint Pierre a fondé le siége de Rome, il n'existe aucune trace ni d'un ordre divin, ni d'un ordre de cet apôtre lui-même, qui fasse de cette ville la capitale nécessaire du monde chrétien. Des papes légitimes n'ont-ils pas siégé à Avignon? Mais Pie IX oublie aisément l'histoire. Remarquez encore comme il se met au-dessus de la volonté de l'Église, même unanime. L'évêque de Rome, dit-il, ne peut cesser d'être le chef de l'Église, quand même il en serait ordonné autrement par un concile général ou l'action combinée *de tous les peuples.*

(72) Le pape, dans ces deux articles, a raison. Un concile national et une Église nationale qui ne reconnaîtraient plus l'autorité centrale, ne seraient plus catholiques, du moins dans le sens ordinaire de ce mot; mais, d'autre part, sans cette rupture avec l'autorité dont nous avons ici le manifeste, jamais on n'aura la liberté.

XXXVIII. *Anathème à qui dira :* Ce sont les actes arbitraires trop nombreux des Pontifes Romains qui ont contribué à la division de l'Église en orientale et en occidentale (73).

VI

Erreurs relatives à la société civile considérée soit en elle-même, soit dans ses rapports avec l'Église.

XXXIX. *Anathème à qui dira :* L'État, étant par lui-même la source et le principe de tous les droits, jouit d'un droit qui ne reconnaît aucune limite (74).

XL. *Anathème à qui dira :* La doctrine de l'Église catholique est contraire au bien et à la prospérité de la société humaine (75).

---

(73) L'Église d'Orient n'avait jamais reconnu la suprématie du pape dans le sens où celle-ci s'affirmait.

(74) Quelques hommes ont en effet dit cela, et c'est une grande erreur ; mais ce que l'Église, ici, condamne chez eux, elle le fait de plus en plus elle-même. Jamais elle ne s'était aussi hardiment refusée à reconnaître aucune limite à ses droits. Preuve en soit le Syllabus même.

(75) Voyez les pays catholiques, voyez les pays protestants, — et comparez. Ajoutez que, parmi les États catholiques, celui du pape était à peu près au dernier rang.

XLI. *Anathème à qui dira :* Le pouvoir civil, même quand il est exercé par un prince infidèle, possède une autorité directe négative sur les choses sacrées ; il a, par conséquent, non-seulement le droit qu'on appelle d'*exequatur*, mais encore le droit qu'on nomme d'*appel comme d'abus* (76).

XLII. *Anathème à qui dira :* En cas de conflit entre les lois émanées des deux autorités, c'est le droit civil qui prévaut (77).

XLIII. *Anathème à qui dira :* La puissance laïque peut, sans le consentement du St-Siége et malgré ses réclamations, rompre, annuler et déclarer non avenues les conventions solennelles, appelées *concordats*, conclues avec ce même St-Siége (78), relativement à

---

(76) Même observation que sur plusieurs des précédents articles. Aucun État ne peut renoncer à toute arme contre les prétentions du romanisme.

(77) Fâcheux parfois. Un gouvernement sage ne cherchera pas ces conflits ; mais la lutte engagée, il ne peut abandonner le principe de la souveraineté de l'État.

(78) Ce droit ici refusé à la puissance laïque, on sait que le pape, à l'occasion, se l'arroge ouvertement. Les concordats, selon l'idée romaine, ne sont point des conventions entre deux pouvoirs souverains, mais des faveurs octroyées par l'Église, et, dès lors, révocables. Ainsi, les États sont liés envers le pape, et le pape n'est jamais lié. Des faits récents ont montré cette théorie en action.

l'usage des droits résultant des immunités ecclésiastiques.

XLIV. *Anathème à qui dira :* L'autorité civile peut
s'immiscer dans les choses qui regardent la religion,
les mœurs et le gouvernement spirituel. Elle peut, par
conséquent, prononcer un jugement sur les instruc-
tions que les pasteurs de l'Église publient, d'après leur
mission, pour la règle des consciences ; elle peut même
régler l'administration des sacrements, et déterminer
les dispositions nécessaires pour les recevoir (79).

XLV. *Anathème à qui dira :* Toute la direction des
écoles publiques, dans lesquelles la jeunesse d'un
État chrétien est élevée, si l'on en excepte, dans une
certaine mesure, les séminaires épiscopaux, peut et
doit être remise entre les mains de l'autorité civile ;
et cela de telle manière qu'on ne reconnaisse à aucune
autre autorité le droit de s'immiscer dans la discipline
des écoles, dans la direction des études, dans la collation des grades, dans le choix ou l'approbation des
maîtres (80).

---

(79) L'autorité civile a pu parfois s'immiscer beaucoup trop
dans ce qui ne la regardait pas ; mais souvent aussi c'est
l'Église qui a rendu l'immixtion nécessaire en troublant les
consciences, et en agissant, par ces consciences troublées, fort
au delà de son légitime domaine.

(80) Quand cette exclusion eût été, avant le Syllabus, in-

XLVI. *Anathême à qui dira :* Bien plus, même dans les séminaires ecclésiastiques, la méthode à suivre dans les études est soumise à l'autorité civile (81).

XLVII. *Anathême à qui dira :* Dans une société bien constituée, il faut que les écoles populaires ouvertes à tous les enfants de chaque classe du peuple, ainsi qu'en général les établissements publics destinés à l'enseignement des lettres, à une instruction supérieure et à l'éducation de la jeunesse, soient affranchis de toute autorité de l'Église, de toute influence directrice et de toute intervention de sa part, qu'ils soient entièrement soumis aux décisions de l'autorité civile, d'après le bon plaisir des gouvernants et suivant les opinions de l'époque généralement reçues (82).

---

justifiable, le serait-elle encore ? Quel gouvernement consentirait à ce que l'esprit du Syllabus présidât, dans ses écoles, à la *direction des études*, à la *collation des grades*, au *choix* et à l'*approbation des maîtres ?*

(81) *Soumise,* ce serait trop ; mais l'État pourrait-il renoncer à toute surveillance sur l'éducation d'hommes qui manieront un tel pouvoir?

(82) Encore une fois, sur tous ces points, c'est le Syllabus qui désormais justifiera le mieux tout ce qu'il condamne ; c'est lui qui forcera les États les plus catholiques de diminuer toujours plus la part faite à l'Église dans l'éducation populaire.

XLVIII. *Anathème à qui dira* : Des catholiques peuvent approuver un système d'éducation en dehors de la foi catholique et de l'autorité de l'Église, et qui n'ait pour but, ou du moins pour but principal, que la connaissance des choses purement naturelles et les intérêts de la vie sociale sur cette terre (83).

XLIX. *Anathème à qui dira* : L'autorité civile peut entraver la liberté des communications réciproques des Évêques et des fidèles avec le Pontife romain (84).

L. *Anathème à qui dira* : Le pouvoir laïque a, par lui-même, le droit de présenter les évêques, et peut exiger d'eux qu'ils prennent en main l'administration de leurs diocèses, avant d'avoir reçu l'institution canonique du St-Siége et les Bulles Apostoliques.

LI. *Anathème à qui dira* : Bien plus, le gouvernement civil a le droit d'enlever aux évêques l'exercice du ministère pastoral, et il n'est pas tenu d'obéir au

---

(83) Nul homme religieux, catholique ou non, n'approuve en principe que l'Église n'ait rien à voir dans l'École ; mais les plus religieux ont été souvent, de nos jours, les plus navrés de voir ce que devenait l'Église sous l'influence ultramontaine, et les plus inquiets de ce que l'École deviendrait si elle lui était livrée.

(84) Et si le pontife romain profite de ces communications pour semer le trouble et la révolte ?

Pontife romain, pour ce qui concerne l'institution des évêchés (85) et des évêques.

LII. *Anathème à qui dira :* Le gouvernement peut, de son propre droit, changer l'âge prescrit pour la profession religieuse, tant des femmes que des hommes, et enjoindre aux communautés religieuses de n'admettre personne aux vœux solennels sans son autorisation (86).

LIII. *Anathème à qui dira :* On doit abolir les lois qui protégent l'existence des ordres religieux, et qui concernent leurs droits et leurs devoirs; bien plus, le

---

(85) Aucun gouvernement, là où l'Église est unie à l'État, ne reconnaîtra jamais au pape le droit d'instituer, de son chef, des évêchés nouveaux. Même sous le régime de la séparation, il est douteux qu'avec l'esprit qui aujourd'hui souffle de Rome, aucun État puisse indéfiniment fermer les yeux sur l'expansion de la hiérarchie dans son sein. Dans les monarchies, c'est une monarchie rivale; dans les républiques, c'est une monarchie hostile.

(86) Sur la plupart des points notés dans ces trois derniers articles, un gouvernement modéré préférerait toujours s'entendre à l'amiable avec le pape. Mais c'est de plus en plus difficile, et, d'ailleurs, on sait maintenant que le pape se réserve toujours de retirer ce qu'il a concédé ; toujours donc il met les gouvernements dans la nécessité de prendre leurs précautions, et, le cas échéant, de ne consulter que leur droit.

pouvoir civil est autorisé à prêter son appui à tous ceux qui voudraient renoncer à l'état religieux (87) et enfreindre leurs vœux solennels; il peut aussi supprimer entièrement ces mêmes communautés religieuses, ainsi que les Chapitres des églises collégiales et les bénéfices simples, ceux mêmes qui dépendent d'un droit de patronage, s'attribuer et revendiquer l'administration de leurs biens et revenus, et en disposer à sa volonté (88).

LIV. *Anathème à qui dira :* Les rois et les princes non-seulement sont affranchis de la juridiction de l'Église, mais ils sont même supérieurs à l'Église quand il s'agit de trancher des questions de juridiction (89).

LV. *Anathème à qui dira :* L'Église doit être séparée de l'État, et l'État séparé de l'Église (90).

---

(87) Un religieux quittant le couvent ne peut être, aux yeux de l'État, qu'un citoyen rentrant dans la liberté commune ; vouloir que l'État s'y oppose, c'est mettre une loi ecclésiastique au-dessus, non pas d'une simple loi civile, mais du principe même des constitutions modernes.

(88) Quand des États ont fait ce que leur reproche ici le pape, presque toujours ils ont pu alléguer de graves abus à extirper. L'intention réelle a bien pu être plutôt mauvaise, violente ; mais l'excuse n'était que trop fondée.

(89) Si ce n'est pas l'État qui tranche, ce sera donc le pape. Aucun État peut-il accepter cela ?

(90) Question débattue, et sur laquelle les meilleurs es-

53

VII

Erreurs concernant la morale naturelle
et chrétienne.

LVI. *Anathème à qui dira :* Les lois de la morale n'ont pas besoin de la sanction divine, et il n'est pas du tout nécessaire que les lois humaines soient conformes au droit naturel (91), ou qu'elles reçoivent de Dieu la force obligatoire.

LVII. *Anathème à qui dira :* La science des choses philosophiques et morales, ainsi que les lois civiles, peuvent et doivent se soustraire à l'autorité divine et ecclésiastique (92).

-----

prits sont divisés. Il est donc étrange que le pape range ici une des deux opinions parmi ces erreurs que, nous a-t-il dit, tout catholique doit tenir pour *réprouvées, proscrites* et *condamnées.* Mais l'union de l'Église et de l'État, c'est, pour lui, l'État soumis à l'Église, l'Église régnant par l'État, — et l'on comprend, dès lors, que ce soit pour lui comme un dogme.

(91) Bon article; mais ce que le pape ici condamne, que de fois l'Église l'a fait! Que de lois, chez elle, contraires au droit naturel, c'est-à-dire à la liberté religieuse, à la liberté civile! Et que d'articles, dans le Syllabus même, auxquels ce reproche est applicable!

(92) Toujours cette confusion entre autorité *divine* et auto-

LVIII. *Anathème à qui dira :* Il ne faut reconnaître d'autres forces que celles qui résident dans la matière, et toute morale et toute probité consiste à accumuler et augmenter la richesse par tous les moyens possibles (93), et à satisfaire ses passions.

LIX. *Anathème à qui dira :* Le droit réside dans le fait matériel; tous les devoirs des hommes sont un mot vide de sens, et tous les faits humains constituent un droit.

LX. *Anathème à qui dira :* L'autorité n'est pas autre chose que le résultat du nombre et des forces matérielles.

LXI. *Anathème à qui dira :* L'injustice d'un fait consommé avec succès ne porte aucune atteinte à la sainteté du droit (94).

---

rité *ecclésiastique.* Que de fois, au contraire, des chrétiens ne se sont soustraits à la seconde que pour mieux obéir à la première! Remarquez, en outre, ces mots : *Ainsi que les lois civiles.* Voilà donc les lois civiles soumises à l'*autorité ecclésiastique,* c'est-à-dire au pape, établi par là juge suprême de toutes les législations et de toutes les constitutions.

(93) Bon article; mais pourquoi ces amplifications? Personne n'a jamais dit que la *probité* consiste à s'enrichir par tous les moyens possibles.

(94) Encore trois bons articles. Mais quand il condamne l'idée que « le droit réside dans le fait, » il oublie que beaucoup de ses droits à lui, soit spirituels, soit temporels, n'ont

LXII. *Anathème à qui dira :* On doit proclamer et observer le principe de *non-intervention* (95).

LXIII. *Anathème à qui dira :* Il est permis de refuser l'obéissance aux princes légitimes, et même de se révolter contre eux (96).

LXIV. *Anathème à qui dira :* La violation d'un serment, quelque saint qu'il soit, et toute action criminelle et honteuse contraire à la loi éternelle, non-seulement ne doit pas être blâmé (97), mais elle est tout à fait licite et digne des plus grands éloges quand elle est inspirée par l'amour de la patrie.

---

pas eu d'autre fondement ; il oublie, en particulier, de quelles fraudes et de quelles violences avait été entachée l'acquisition de plusieurs des provinces du domaine pontifical.

(95) Condamnation des gouvernements qui refusent d'*intervenir* en Italie pour remettre le pape en possession de ses États.

(96) Longtemps ce furent les papes qui, quand il leur convenait, déliaient les sujets du serment de fidélité, et vous avez vu ci-dessus Pie IX déclarant que jamais pape n'a outrepassé ses pouvoirs. Ainsi, en condamnant les peuples qui secoueront l'autorité de leurs princes, il réserve à la papauté le droit de les y pousser elle-même.

(97) Même observation. Longtemps les papes se sont crus en droit de délier de toute espèce de serment, et, s'il est vrai qu'ils ne se sont jamais rien arrogé d'illégitime, il est clair que ce droit immoral subsiste.

VIII

Erreurs concernant le mariage chrétien.

LXV. *Anathème à qui dira :* On ne peut admettre en aucune manière que Jésus-Christ ait élevé le mariage à la dignité de sacrement (98).

LXVI. *Anathème à qui dira :* Le sacrement de mariage n'est qu'une chose ajoutée au contrat et qui peut en être séparée, et c'est la seule bénédiction nuptiale qui constitue le sacrement lui-même (99).

LXVII. *Anathème à qui dira :* Le lien du mariage n'est pas indissoluble en vertu du droit naturel, et, dans différents cas, le divorce proprement dit peut être sanctionné par l'autorité civile (100).

LXVIII. *Anathème à qui dira :* L'Église n'a pas le pouvoir d'établir des empêchements dirimants au mariage, mais ce pouvoir appartient à l'autorité civile,

---

(98) Les articles suivants montrent assez pourquoi l'Église tient tant à ce que le mariage soit réputé *sacrement,* chose *uniquement* religieuse. Elle veut que tout ce qui s'y rapporte soit de son ressort à elle seule.

(99) Même remarque.

(100) Jésus-Christ (Matth. V, 32) permet le divorce pour cause d'adultère ; l'Église n'avait donc pas le droit de l'interdire absolument.

qui doit abolir les empêchements actuellement en vigueur (101).

LXIX. *Anathème à qui dira* : Dans la suite des siècles, l'Église commença à introduire des empêchements dirimants, non en vertu d'un droit propre, mais en usant du droit qu'elle avait emprunté au pouvoir civil (102).

LXX. *Anathème à qui dira* : Les canons du Concile de Trente, qui prononcent l'anathème contre ceux qui osent contester à l'Église le pouvoir d'établir des empêchements dirimants (103), ou ne sont pas dogma-

---

(101) Plusieurs de ces empêchements n'ont évidemment d'autre but que d'obliger les gens à recourir à l'Église, et à payer pour qu'elle les en relève. Il n'est pas vrai, d'autre part, que personne ait jamais demandé à l'autorité civile d'abolir tout empêchement, comme semble le dire la fin de cet article.

(102) L'origine du droit importe peu ; ce qui est sûr, c'est que l'Église en avait énormément abusé, et que les plaintes étaient universelles. Le concile de Trente fit quelques concessions ; mais ce qui reste est fort au delà encore des exigences véritables de la morale et de la religion. Et qu'est-ce, encore une fois, que des règles qu'on dit sacrées, et qui tombent devant l'argent ?

(103) Anathème donc, de par le concile de Trente comme de par le Syllabus, à qui pensera que l'Église n'ait pas eu plainement le droit de faire en cela tout ce qu'elle a fait.

tiques, ou doivent s'entendre de ce pouvoir emprunté.

LXXI. *Anathème à qui dira :* La forme prescrite par le Concile de Trente n'oblige pas sous peine de nullité, quand la loi civile établit une autre forme à suivre comme condition de la validité du mariage (104).

LXXII. *Anathème à qui dira :* C'est Boniface VIII qui, le premier, a déclaré que le vœu de chasteté prononcé dans l'ordination rend le mariage nul (105).

LXXIII. *Anathème à qui dira :* En vertu du contrat purement civil, il peut exister un vrai mariage entre chrétiens (106) ; et il est faux, ou que le contrat de mariage entre chrétiens soit toujours un sacrement, ou que ce contrat soit nul en dehors du sacrement.

LXXIV. *Anathème à qui dira :* Les causes matri-

---

(104) Donc, bien que contracté selon toutes les formes prescrites par la loi civile, point de mariage légitime s'il n'est fait selon les formes prescrites par le concile de Trente.

(105) Peu importe qui a, le premier, déclaré cela ; toujours est-il qu'il n'y en avait nulle trace aux premiers siècles.

(106) Le mariage civil n'est donc pas même, selon le pape, un mariage incomplet, préliminaire, que confirmera la bénédiction de l'Église ; il est nul, il n'est rien.

moniales et les fiançailles sont, par leur nature, du ressort de la juridiction civile (107).

NB. On peut rapporter à ce qui précède deux autres erreurs : 1° que le célibat ecclésiastique doit être aboli (108), et 2° que l'état du mariage est préférable à celui de la virginité (109).

IX

Erreurs sur la Souveraineté temporelle du Pontife romain.

LXXV. *Anathème à qui dira :* Les fils de l'Église chrétienne et catholique ne sont pas d'accord entre eux sur la compatibilité de la royauté temporelle avec le pouvoir spirituel (110).

LXXVI. *Anathème à qui dira :* L'abrogation de la

---

(107) Toujours l'Église prétendant régler seule tout ce qui se rapporte au mariage.

(108) Il n'a pas existé aux premiers siècles ; aucune raison donc pour qu'on le maintienne à toujours.

(109) Le célibat ecclésiastique n'a longtemps produit que des scandales. N'en produisît-il plus, il est encore beaucoup plus souvent une source de mauvaises pensées que de pureté véritable.

(110) Ceux donc qui ne sont pas pour le pouvoir temporel, pour la *royauté* papale, ne sont, selon Pie IX, tant catholiques soient-ils, que de faux catholiques.

souveraineté civile dont le St-Siége est en possession favoriserait très-considérablement la liberté et la prospérité de l'Église (111).

NB. Outre ces erreurs explicitement signalées, plusieurs autres encore se trouvent implicitement condamnées par la doctrine affirmée et exposée sur la Souveraineté civile du Pontife romain ; doctrine que tous les catholiques doivent fermement professer (112).

X

Erreurs qui ont rapport au libéralisme moderne.

LXXVII. *Anathème à qui dira :* Il ne convient plus, à notre époque, que la religion catholique soit considérée comme l'unique religion de l'État, à l'exclusion de tous les autres cultes (113).

---

(111) Beaucoup de catholiques, et des plus pieux, et des plus sages, ont toujours été de cet avis ; le chef de l'Église, pensaient-ils, serait alors bien mieux dans son vrai rôle et dans sa vraie grandeur. Mais Pie IX ne paraît pas même se douter de ce côté élevé de la question.

(112) Nouvelle affirmation que quiconque admet le contraire n'est pas, pour Pie IX, un catholique.

(113) Il faut donc, selon Pie IX :

1° Que le catholicisme, dans tout État catholique ou en

LXXVIII. *Anathème à qui dira :* Aussi on ne peut que louer certains pays catholiques où la loi a pourvu à ce que les étrangers qui s'y rendent y jouissent de l'exercice public de leurs cultes respectifs (114).

LXXIX. *Anathème à qui dira :* Il est faux, en effet, que la liberté civile de tous les cultes et que le plein pouvoir laissé à tous de manifester ouvertement et publiquement toutes sortes de pensées et d'opinions, contribuent à corrompre plus facilement les esprits et les cœurs des peuples ainsi qu'à propager la peste de l'Indifférentisme (115).

LXXX. *Anathème à qui dira :* Le Pontife romain peut et doit se réconcilier et se mettre en harmonie

---

majorité catholique, soit considéré comme l'*unique religion de l'État ;*

2° Que l'État ne reconnaisse ni n'autorise aucun autre culte.

(114) Ainsi, ce n'est pas seulement aux non-catholiques du pays qu'on doit interdire d'exercer publiquement leur culte, mais même à ceux d'autres pays. En France, par exemple, point de temples pour les protestants français, point même pour les Anglais, les Allemands, les Russes, etc.

(115) Les faits disent le contraire. C'est lorsque les cultes sont libres que la religion exerce le plus d'influence sur les masses, et qu'il y a le moins d'indifférence pour les choses religieuses.

avec le progrès, le libéralisme et la civilisation moderne (116).

---

(116) C'est ce qui ressort de tout le reste. Quand le pape voudrait *se réconcilier avec le progrès, le libéralisme et la civilisation moderne*, il ne le pourrait qu'en commençant par déchirer le Syllabus, et, voulût-il déchirer le Syllabus, il ne le pourrait pas. Œuvre du pape infaillible, le Syllabus est infaillible, immuable ; il l'est pour le pape lui-même comme pour le plus humble des fidèles ; il le sera nécessairement pour le successeur de Pie IX comme pour Pie IX.

TEXTE LATIN DU SYLLABUS [1]

---

§ I. *Pantheismus, Naturalismus et Rationalismus absolutus.*

I. Nullum supremum, sapientissimum, providentissimumque Numen divinum exsistit ab hac rerum universitate distinctum, et Deus idem est ac rerum natura et iccirco immutationibus obnoxius, Deusque reapse fit in homine et mundo, atque omnia Deus sunt et ipsissimam Dei habent substantiam ; ac una eademque res est Deus cum mundo, et proinde spiritus cum materia, necessitas cum libertate, verum cum falso, bonum cum malo, et justum cum injusto.

II. Neganda est omnis Dei actio in homines et mundum.

III. Humana ratio, nullo prorsus Dei respectu habito, unicus est veri et falsi, boni et mali arbiter, sibi ipsi est lex et naturalibus suis viribus ad hominum ac populorum bonum curandum sufficit.

IV. Omnes religionis veritates ex nativa humanæ rationis vi derivant ; hinc ratio est princeps norma qua homo cognitionem omnium cujuscumque generis veritatum assequi possit ac debeat.

V. Divina revelatio est imperfecta et iccirco subjecta continuo et indefinito progressui qui humanæ rationis progressioni respondeat.

VI. Christi fides humanæ refragatur rationi ; divinaque revelatio non solum nihil prodest, verum etiam nocet hominis perfectioni.

---

[1] Nous croyons être agréables à nos lecteurs en ajoutant à cette édition le texte latin du *Syllabus* que nous empruntons au recueil intitulé : L'Encyclique et l'épiscopat français, etc. Paris, Gauguet et Pongeois, 1865.

VII. Prophetiæ et miracula in sacris Litteris exposita et narrata sunt poetarum commenta, et christianæ fidei mysteria philosophicarum investigationum summa; et utriusque Testamenti libris mythica continentur inventa; ipseque Jesus Christus e mythica fictio.

§ II. *Rationalismus moderatus.*

VIII. Quum ratio humana ipsi religioni æquiparetur, iccirco theologicæ disciplinæ perinde ac philosophicæ tractandæ sunt.

IX. Omnia indiscriminatim dogmata religionis christianæ sunt objectum naturalis scientiæ seu philosophiæ; et humana ratio historice tantum exculta potest ex suis naturalibus viribus et principiis ad veram de omnibus etiam reconditioribus dogmatibus scientiam pervenire, modo hæc dogmata ipsi rationi tanquam objectum proposita fuerint.

X. Quum aliud sit philosophus, aliud philosophia, ille jus et officium habet se submittendi auctoritati, quam veram ipse probaverit; at philosophia neque protest, nequet debet ulli sese submittere auctoritati.

XI. Ecclesia non solum non debet in philosophiam unquam animadvertere, verum etiam debet ipsius philosophiæ tolerare errores, eisque relinquere ut ipsa se corrigat.

XII. Apostolicæ Sedis, romanarumque Congregationum decreta liberum scientiæ progressum impediunt.

XIII. Methodus et principia, quibus antiqui Doctores scholastici Theologiam excoluerunt, temporum nostrorum necessitatibus scientiarumque progressui minime congruunt.

XIV. Philosophia tractanda est, nulla supernaturalis revelationis habita ratione.

NB. Cum rationalismi systemate cohærent maximam partem errores Antonii Günther, qui damnatur in Epist. ad Card.

Archiep. Coloniensem *Eximiam tuam* 15 junii 1847, et in Epist. ad Episc. Wratislaviensem *Dolore haud mediocri* 30 aprilis 1860.

§ III. *Indifferentismus, Latitudinarismus.*

XV. Liberum cuique homini est eam amplecti ac profiteri religionem, quam rationis lumine quis ductus veram putaverit.

XVI. Homines in cujusvis religionis cultu viam æternæ salutis reperire æternamque salutem assequi possunt.

XVII. Saltem bene sperandum est de æterna illorum omnium salute, qui in vera Christi Ecclesia nequaquam versantur.

XVIII. Protestantismus non aliud est quam diversa veræ ejusdem christianæ religionis forma, in qua æque ac in Ecclesia catholica Deo placere datum est.

§ IV. *Socialismus, Communismus, Societates clandestinæ, Societates biblicæ, Societates clerico-liberales.*

Ejusmodi pestes sæpe gravissimisque verborum formulis reprobantur in Epist. encycl. *Qui pluribus* 9 novemb. 1846; in Alloc. *Quibus quantisque,* 20 april. 1849; in Epist. encycl. *Noscitis et Nobiscum,* 8 dec. 1849; in Alloc. *Singulari quadam,* 9 dec. 1854; in Epist. encycl. *Quanto conficiamur mœrore,* 10 augusti 1863.

§ V. *Errores de Ecclesia ejusque juribus.*

XIX. Ecclesia non est vera perfectaque societas plane libera, nec pollet suis propriis et constantibus juribus sibi a divino suo fundatore collatis, sed civilis potestatis est definire quæ sint Ecclesiæ jura ac limites, intra quos eadem jura exercere queat.

XX. Ecclesiastica potestas suam auctoritatem exercere non debet absque civilis gubernii venia et assensu.

XXI. Ecclesia non habet potestatem dogmatice definiendi, religionem catholicæ Ecclesiæ esse unice veram religionem.

XXII. Obligatio, qua catholici magistri et scriptores omnino adstringuntur, coarctatur in iis tantum, quæ ab infallibili Ecclesiæ judicio veluti fidei dogmata ab omnibus credenda proponuntur.

XXIII. Romani Pontifices et Concilia œcumenica a limitibus suæ potestatis recesserunt, jura Principum usurparunt, atque etiam in rebus fidei et morum definiendis errarunt.

XXIV. Ecclesia vis inferendæ potestatem non habet, neque potestatem ullam temporalem directam vel indirectam.

XXV. Præter potestatem episcopatui inhærentem, alia est attributa temporalis potestas a civili imperio vel expresse vel tacite concessa, revocanda propterea, cum libuerit, a civili imperio.

XXVI. Ecclesia non habet nativum ac legitimum jus acquirendi ac possidendi.

XXVII. Sacri Ecclesiæ ministri Romanusque Pontifex ab omni rerum temporalium cura ac dominio sunt omnino excludendi.

XXVIII. Episcopis, sine Gubernii venia, fas non est vel ipsas apostolicas litteras promulgare.

XXIX. Gratiæ a Romano Pontifice concessæ existimari debent tamquam irritæ, nisi per Gubernium fuerint imploratæ.

XXX. Ecclesiæ et personarum ecclesiasticarum immunitas a jure civili ortum habuit.

XXXI. Ecclesiasticum forum pro temporalibus clericorum causis sive civilibus sive criminalibus omnino de medio tollendum est, etiam inconsulta et reclamante Apostolica Sede.

XXXII. Absque ulla naturalis juris et æquitatis violatione potest abrogari personalis immunitas, qua clerici ab onere subeundæ exercendæque militiæ eximuntur ; hanc vero abrogationem postulat civilis progressus, maxime in societate ad formam liberioris regiminis constituta.

XXXIII. Non pertinet unice ad ecclesiasticam jurisdictionis potestatem proprio ac nativo jure dirigere theologicarum rerum doctrinam.

XXXIV. Doctrina comparantium Romanum Pontificem principi libero et agenti in universa Ecclesia, doctrina est quæ medio ævo prævaluit.

XXXV. Nihil vetat, alicujus Concilii generalis sententia aut universorum populorum facto, summum Pontificatum ab Romano Episcopo atque Urbe ad alium Episcopum aliamque civitatem transferri.

XXXVI. Nationalis Concilii definitio nullam aliam admittit disputationem, civilisque administratio rem ad hosce terminos exigere potest.

XXXVII. Institui possunt nationales Ecclesiæ ab auctoritate Romani Pontificis subductæ planeque divisæ.

XXXVIII. Divisioni Ecclesiæ in orientalem atque occidentalem nimia Romanorum Pontificum arbitria contulerunt.

§ VI. *Errores de societate civili tum in se, tum in suis ad Ecclesiam relationibus spectata.*

XXXIX. Reipublicæ status, ut pote omnium jurium origo et fons, jure quodam pollet nullis circumscripto limitibus.

XL. Catholicæ Ecclesiæ doctrina humanæ societatis bono et commodis adversatur.

XLI. Civili potestati vel ab infideli imperante exercitæ competit potestas indirecta negativa in sacra; eidem proinde competit nedum jus quod vocant *exequatur*, sed etiam jus *appellationis*, quam nuncupant, *ab abusu*.

XLII. In conflictu legum utriusque potestatis, jus civile prævalet.

XLIII. Laica potestas auctoritatem habet rescindendi, declarandi ac faciendi irritas solemnes conventiones (vulgo *Concordata*) super usu jurium ad ecclesiasticam immunitatem pertinentium cum Sede Apostolica initas, sine hujus consensu, immo et ea reclamante.

XLIV. Civilis auctoritas potest se immiscere rebus quæ ad religionem, mores et regimen spirituale pertinent. Hinc potest de instructionibus judicare, quas Ecclesiæ pastores ad conscientiarum normam pro suo munere edunt, quin etiam potest de divinorum sacramentorum administratione et dispositionibus ad ea suspicienda necessariis decernere.

XLV. Totum scholarum publicarum regimen, in quibus juventus christianæ alicujus Reipublicæ instituitur, episcopalibus dumtaxat seminariis aliqua ratione exceptis, potest ac debet attribui auctoritati civili, et ita quidem attribui, ut nullam alii cuicumque auctoritati recognoscatur jus immiscendi se in disciplina scholarum, in regimine studiorum, in graduum collatione, in delectu aut approbatione magistrorum.

XLVI. Immo in ipsis clericorum seminariis methodus studiorum adhibenda civili auctoritati subjicitur.

XLVII. Postulat optima civilis societatis ratio, ut populares scholæ, quæ patent omnibus cujusque e populo classis pueris, ac publica universim Instituta, quæ litteris severioribusque disciplinis tradendis et educationi juventutis curandæ sunt destinata, eximantur ab omni Ecclesiæ auctoritate, moderatrice vi et ingerentia, plenoque civilis ac politicæ auctoritatis arbitrio subjiciantur ad imperantium placita et ad communium ætatis opinionum amussim.

XLVIII. Catholicis viris probari potest ea juventutis instituendæ ratio, quæ sit a catholica fide et ab Ecclesiæ potestate sejuncta, quæque rerum dumtaxat naturalium scientiam ac terrenæ socialis vitæ fines tantum modo vel saltem primarium spectet.

XLIX. Civilis auctoritas potest impedire quominus sacrorum Antistites et fideles populi cum Romano Pontifice libere ac mutuo communicent.

L. Laica auctoritas habet per se jus præsentandi episcopos et potest ab illis exigere ut ineant diœcesium procurationem antequam ipsi canonicam a S. Sede institutionem et apostolicas litteras accipiant.

LI. Immo laicum Gubernium habet jus deponendi ab exercitio pastoralis ministerii episcopos, neque tenetur obedire Romano Pontifici in iis quæ episcopatum et episcoporum respiciunt institutionem.

LII. Gubernium potest suo jure immutare ætatem ab Ecclesia præscriptam pro religiosa tam mulierum quam virorum professione, omnibusque religiosis familiis indicere, ut neminem sine suo permissu ad solemnia vota nuncupanda admittant.

LIII. Abrogandæ sunt leges quæ ad religiosarum familiarum statum tutandum, earumque jura et officia pertinent; immo potest civile gubernium iis omnibus auxilium præstare, qui a suscepto religiosæ vitæ instituto deficere ac solemnia vota frangere velint; pariterque potest, religiosas easdem familias perinde ac collegiatas Ecclesias et beneficia simplicia etiam juris patronatus penitus extinguere, illorumque bona et reditus civilis potestatis administrationi et arbitrio subjicere et vindicare.

LIV. Reges et Principes non solum ab Ecclesiæ jurisdictione eximuntur, verum etiam in quæstionibus jurisdictionis dirimendis superiores sunt Ecclesia.

LV. Ecclesia a Statu, Statusque ab Ecclesia sejungendus est.

§ VII. *Errores de Ethica naturali et christiana.*

LVI. Morum leges divina haud egent sanctione, minimeque opus est ut humanæ leges ad naturæ jus conformentur aut obligandi vim a Deo accipiant.

LVII. Philosophicarum rerum morumque scientia , itemque civiles leges possunt et debent a divina et ecclesiastica auctoritate declinare.

LVIII. Aliæ vires non sunt agnoscendæ nisi illæ quæ in materia positæ sunt, et omnis morum disciplina honestasque collocari debet in cumulandis et augendis quovis modo divitiis ac in voluptatibus explendis.

LIX. Jus in materiali facto consistit, et omnia hominum officia sunt nomen inane, et omnia humana facta juris vim habent.

LX. Auctoritas nihil aliud est nisi numeri et materialium virium summa.

LXI. Fortunata facti injustitia nullum juris sanctitati detrimentum affert.

LXII. Proclamandum est et observandum principium quod vocant de *non-interventu.*

LXIII. Legitimis principibus obedientiam detrectare, immo et rebellare licet.

LXIV. Tum cujusque sanctissimi juramenti violatio, tum quælibet scelesta flagitiosaque actio sempiternæ legi repugnans, non solum haud est improbanda, verum etiam omnino licita, summisque laudibus efferenda, quando id pro patriæ amore agatur.

§ VIII. *Errores de matrimonio christiano.*

LXV. Nulla ratione ferri potest, Christum evexisse matrimonium ad dignitatem sacramenti.

LXVI. Matrimonii sacramentum non est nisi quid contractui accessorium ab eoque separabile, ipsumque sacramentum in una tantum nuptiali benedictione situm est.

LXVII. Jure naturæ matrimonii vinculum non est indissolubile, et in variis casibus divortium proprie dictum autoritate civili sanciri potest.

LXVIII. Ecclesia non habet potestatem impedimenta matrimonium dirimentia inducendi, sed ea potestas civili autoritati competit, a qua impedimenta existentia tollenda sunt.

LXIX. Ecclesia sequioribus sæculis dirimentia impedimenta inducere cœpit, non jure proprio, sed illo jure usa, quod a civili potestate mutuata erat.

LXX. Tridentini canones qui anathematis censuram illis inferunt qui facultatem impedimenta dirimentia inducendi Ecclesiæ negare audeant, vel non sunt dogmatici vel de hac mutuata potestate intelligendi sunt.

LXXI. Tridentini forma sub infirmitatis pœna non obligat, ubi lex civilis aliam formam præstituat, et velit hac nova forma interveniente matrimonium valere.

LXXII. Bonifacius VIII, votum castitatis in ordinatione emissum nuptias nullas reddere primus asseruit.

LXXIII. Vi contractus mere civilis potest inter christianos constare veri nominis matrimonium ; falsumque est, aut contractum matrimonii inter christianos semper esse sacramentum, aut nullum esse contractum, si sacramentum excludatur.

LXXIV. Caussæ matrimoniales et sponsalia suapte natura ad forum civile pertinent.

NB. Huc facere possunt duo alii errores de clericorum cœlibatum abolendo et de statu matrimonii statui virginitatis anteferendo. Confodiuntur, prior in epist. encycl. *Qui pluribus* 9 novembris 1846, posterior in litteris apost. *Multiplices inter* 10 junii 1851.

§ IX. *Errores de civili Romani Pontificis principatu.*

LXXV. De temporalis regni cum spirituali compatibilitate disputant inter se christianæ et catholicæ Ecclesiæ filii.

LXXVI. Abrogatio civilis imperii, quo Apostolica Sedes potitur, ad Ecclesiæ libertatem felicitatemque vel maxime conduceret.

NB. Præter hos errores explicite notatos, alii complures implicite reprobantur proposita et asserta doctrina, quam catholici omnes firmissime retinere debeant, de civili Romani Pontificis principatu. Ejusmodi doctrina luculenter traditur in Alloc. *Quibus quantisque* 20 april. 1847; in Alloc. *Si semper antea* 20 maii 1850; in Litt. apost. *Cum catholica Ecclesia* 26 mart. 1860; in Alloc. *Novos* 28 sept. 1860; in Alloc. *Jamdudum* 18 mart. 1861; in Alloc. *Maxima quidem* 9 junii 1862.

§ X. *Errores qui ad liberalismum hodiernum referuntur.*

LXXVII. Ætate hac nostra non amplius expedit, religionem catholicam haberi tamquam unicam status religionem, ceteris quibuscumque cultibus exclusis.

LXXVIII. Hinc laudabiliter in quibusdam catholici nominis regionibus lege cautum est, ut hominibus illuc immigrantibus liceat publicum proprii cujusque cultus exercitium habere.

LXXIX. Enimvero falsum est, civilem cujusque cultus libertatem, itemque plenam potestatem omnibus attributam quaslibet opiniones cogitationesque palam publiceque manifestandi conducere ad populorum mores animosque facilius corrumpendos ac indifferentismi pestem propagandam.

LXXX. Romanus Pontifex potest ac debet cum progressu, cum liberalismo et cum recenti civilitate sese reconciliare et componere.

LIBRAIRIE SANDOZ & FISCHBACHER, RUE DE SEINE, 33, PARIS

EXTRAIT DU CATALOGUE

Blunstchli (J.) *De la Responsabilité et de l'irresponsabilité du pape dans le droit international,* trad. par *A. Rivier,* brochure in-8 contenant, *en appendice,* la loi italienne des garanties . . . . 1 fr.

Bungener, *Rome et le cœur humain.* Études sur le catholicisme. 1 vol. in-12 . . . . 3 fr. 50

Cartwright (W.-C.), *De la Constitution des Conclaves pontificaux.* Nouvelle édition. 1 vol. in-12 . . . . 3 fr.

Castelar (Emilio). *La Liberté religieuse,* discours prononcé le 9 mai 1876. In-12 . . . . » ,75

Concile (Le) *du Vatican et le mouvement antiinfaillibiliste en Allemagne.* — I. L'excommunication du prof. Dr Friedrich à Munich et sa réponse. In-8, 2 fr. — II. L'excommunication du chanoine D^r von Doellinger et sa déclaration en réponse. 1 fort vol. in-8 . . 12 fr.

Gladstone (W.-E.). *Rome et le pape devant la conscience et l'histoire,* trad. par *Victor Oger.* 1 vol. in-12 . . . . 3 fr. 50

Goblet d'Alviella (le comte). *Partie perdue.* 1 vol. in-12. 3 fr.

Guettée (W.). *La Papauté hérétique.* Exposé des hérésies, erreurs et innovations de l'Église romaine depuis sa séparation de l'Église catholique au IXe siècle. 1 fort vol. in-8 . . . . 7 fr. 50
— *La Papauté schismatique,* ou Rome dans ses rapports avec l'Église orientale. 1 vol. in-8 . . . . 7 fr. 50
— *La Papauté moderne,* condamnée par le pape saint Grégoire le Grand. Extraits des ouvrages de saint Grégoire le Grand. In-8.
1 fr. 50

Huber (J.). *Les Jésuites,* leur histoire, leurs doctrines, leurs pratiques, leur action politique et religieuse. Trad. par *Alf. Marchand.* 3e édition. 2 vol. in-12 . . . . 7 fr.
— *La Papauté et l'État.* Traduit de l'allemand, par *Giraud-Teulon.* 1 vol. in-12 . . . . 1 fr.

Jacob (A.). *La Question religieuse contemporaine dans ses rapports avec la politique de la France.* 1 vol. in-12 . . . . 3 fr.

Maral (René). *Prêtre...!* 1 vol. in-18 jésus . . . . 3 fr. 50
— *Le Cabinet du Gesù.* 1 vol. in-18 jésus . . . . 1 fr. 50

Michaud (l'abbé E.). *La Papauté antichrétienne.* In-12. 2 fr. 50
— *Le Mouvement contemporain des Églises.* Études religieuses et politiques. 1 fort vol. in-12 . . . . 5 fr.
— *De l'état présent de l'Église catholique romaine en France.* 1 fort vol. in-12 . . . . 3 fr. 50
— *Étude stratégique contre Rome.* 1 vol. in-12 . . . . 3 fr.

Pressensé (E. de). *La Liberté religieuse en Europe depuis 1870.* 1 volume in-12 . . . . 4 fr.

Wallon (J^n). *La Cour de Rome et la France.* 2e éd. In-12 2 fr. 50
— *La Vérité sur le Concile.* Réclamations et protestations des évêques.
— *Testament spirituel de Montalembert.* 1 vol. in-12 . . . . 3 fr.

Zeller (E.) *La Légende de saint Pierre, premier évêque de Rome,* trad. par *Alf. Maycrand.* 1 vol. in-12 . . . . 1 fr. 50

www.ingramcontent.com/pod-product-compliance
Lightning Source LLC
LaVergne TN
LVHW022313170726
843503LV00006B/2475